Samuel Bredl

Neue Möglichkeiten der Partizipation im Online-Journalismus durch das Web 2.0

Bachelor + Master
Publishing

Bredl, Samuel: Neue Möglichkeiten der Partizipation im Online-Journalismus durch das Web 2.0, Hamburg, Bachelor + Master Publishing 2013
Originaltitel der Abschlussarbeit: Neue Möglichkeiten der Partizipation im Online-Journalismus durch das Web 2.0

Buch-ISBN: 978-3-95549-222-9
PDF-eBook-ISBN: 978-3-95549-722-4
Druck/Herstellung: Bachelor + Master Publishing, Hamburg, 2013
Zugl. Universität Wien, Wien, Österreich, Bachelorarbeit, 2012

Bibliografische Information der Deutschen Nationalbibliothek:
Die Deutsche Nationalbibliothek verzeichnet diese Publikation in der Deutschen Nationalbibliografie; detaillierte bibliografische Daten sind im Internet über http://dnb.d-nb.de abrufbar.

Das Werk einschließlich aller seiner Teile ist urheberrechtlich geschützt. Jede Verwertung außerhalb der Grenzen des Urheberrechtsgesetzes ist ohne Zustimmung des Verlages unzulässig und strafbar. Dies gilt insbesondere für Vervielfältigungen, Übersetzungen, Mikroverfilmungen und die Einspeicherung und Bearbeitung in elektronischen Systemen.

Die Wiedergabe von Gebrauchsnamen, Handelsnamen, Warenbezeichnungen usw. in diesem Werk berechtigt auch ohne besondere Kennzeichnung nicht zu der Annahme, dass solche Namen im Sinne der Warenzeichen- und Markenschutz-Gesetzgebung als frei zu betrachten wären und daher von jedermann benutzt werden dürften.

Die Informationen in diesem Werk wurden mit Sorgfalt erarbeitet. Dennoch können Fehler nicht vollständig ausgeschlossen werden und die Diplomica Verlag GmbH, die Autoren oder Übersetzer übernehmen keine juristische Verantwortung oder irgendeine Haftung für evtl. verbliebene fehlerhafte Angaben und deren Folgen.

Alle Rechte vorbehalten

© Bachelor + Master Publishing, Imprint der Diplomica Verlag GmbH
Hermannstal 119k, 22119 Hamburg
http://www.diplomica-verlag.de, Hamburg 2013
Printed in Germany

Abstract

Die vorliegende Arbeit diskutiert das Thema Web 2.0 im Journalismus. Der Online-Journalismus hat sich in den vergangenen Jahren rasant verändert und mit ihm auch das Publikum. Längst handelt es sich dabei nicht nur mehr um Leser, sondern um begeisterte Schreiber, die ihr Wissen, ihre Interessen und Neuigkeiten im Web verbreiten möchten. Durch das Web 2.0 stehen ihnen hierfür zahlreiche Plattformen und Onlinedienste zur Verfügung, die es ihnen ermöglichen Informationen rasch zu publizieren und konsumieren. Die Reaktion der Journalisten auf diesen neuen Kanal ist sehr unterschiedlich, meist jedoch skeptisch. Angst vor dem Unbekannten und das Festhalten an Altbewährtem spielt hier eine entscheidende Rolle. Um aufzuzeigen welche Möglichkeiten das Web 2.0 für Journalisten zu bieten hat, sollen in dieser Arbeit praktische Beispiele präsentiert werden, die sich im Online-Journalismus bewährt haben. Erfahrungen von großen Medienfirmen sowie Einzelerfahrungen von Journalisten sollen diese verdeutlichen. Zusammen mit aktuellen Studien wird dadurch ein Ausblick auf mögliche Trends und die Entwicklung im Online-Journalismus gegeben.

This paper deals with the topic of web 2.0 within journalism. Throughout the last couple of years journalism has gone through some vast changes and likewise their respective audience. The former readers have become active, enthusiastically writing about their interests and news that they want to spread across the internet. The web 2.0 fosters this development, providing various platforms and online-services that enable the user to publish and consume Information at rapid speed. The journalist's opinions on this new channel vary widely, but are mostly negatively connotated. The fear of the unknown and the establishment of solid habits play a big role to this reaction. In order to present the possible opportunities of web 2.0 in journalism, this paper will look at examples and experiences that have great worked for media companies and journalists. Combining these premises with highly relevant studies this paper will give an outlook on journalistic trends and developments.

Inhaltsverzeichnis

Abstract 1

Inhaltsverzeichnis 3

Abbildungsverzeichnis 5

1 Vorwort 7

2 Einleitung 8

    2.1 Einführung in das Thema 8

    2.2 Aufbau der Arbeit 9

3 Problemstellung und Erkenntnisinteresse 10

4 Online-Journalismus 12

    4.1 Begriffsdefinitionen 12

        4.1.1 Journalismus 12

        4.1.2 Onlinejournalismus 12

        4.1.3 Online-Medien 13

        4.1.4 Interaktivität 14

        4.1.5 Partizipativer Journalismus 14

    4.2 Theorien zum Journalismus 15

        4.2.1 Nachrichtenwerttheorie 15

        4.2.2 Gatekeeper-Ansatz 16

        4.2.3 „Gatewatching" 16

5 Web 2.0 im Journalismus 17

    5.1 Begriffsdefinitionen 17

        5.1.1 Web 2.0 17

        5.1.2 Social Media 19

    5.2 Theorien zur Mediennutzung 19

    5.3 Studien zur Nutzung von Web 2.0 im Online-Journalismus 21

    5.4 Die Angst vor dem Partizipativen Journalismus 24

6 Möglichkeiten im Web 2.0 27

    6.1 Beispiele für funktionierenden Bürgerjournalismus 28

    6.2 Erfahrungsberichte von Journalisten 31

    6.3 Neue Konzepte für den Online-Journalismus 32

7   Fazit und Ausblick **35**

Literaturverzeichnis **36**

Abbildungsverzeichnis

Abb. 5-1:   Top 500 sites (Alexa Ranking 2012) 19

Abb. 5-2:   Top-down vs Bottom-up news (Bowman und Willis 2007, 10) 25

Abb. 6-1:   Volksfreund - Best of Blog (Volksfreund Druckerei Nikolaus Koch GmbH 2007) . 30

Abb. 5-3: Spot.us Plattform (Spot.Us 2012) 33

1 Vorwort

Im Zuge der besseren Lesbarkeit verzichtet der Verfasser auf gendergerechte Sprache. In diesem Sinne implizieren allen männlichen Bezeichnungen die weibliche Form.

2 Einleitung

2.1 Einführung in das Thema

„Technologie verschiebt die Macht weg von Redakteuren, Verlegern, dem Establishment, der Medien-Elite." – Rupert Murdoch, US-amerikanischer Medienunternehmer (Bernet 2010, 9)

Aufgrund der raschen Weiterentwicklung des Internets sind Journalisten heute aufgefordert sich den technischen Innovationen anzupassen und auf neue Kanäle der Publikation einzugehen. Eine dieser neuen Informationsformen, welche viele veränderte Möglichkeiten im Journalismus mit sich bringt, ist das Web 2.0. Das Internet hat sich zu einer Plattform entwickelt, auf der User Inhalte nicht nur mehr abrufen, sondern auch selbst erstellen und verbreiten können. Noch nie war es so einfach eigene Nachrichten zu generieren und zu empfangen. Denn das Web 2.0 bietet dem Internetnutzer eine Vielfalt an Optionen rasch und unkompliziert mit der Außenwelt in Verbindung zu treten.

„Im Social Web werden Internetnutzer zueinander in Beziehung gesetzt, die Grenzen zwischen Sender und Empfänger verschwimmen, massenmediale Anbieter suchen den direkten Dialog mit ihrem Publikum, sodass neue Formen von Öffentlichkeiten on- und offline entstehen können." (Büffel 2008, 134)

Ähnlich zu Jürgen Habermas postulierten „Strukturwandel der Öffentlichkeit", kommt es zu einer erneuten massenmedialen Veränderung, die durch die partizipativen Kommunikationswege des Web 2.0 initiiert werden. (Vgl. Habermas, 1990). Diese neue Art der Partizipation beeinflusst jedoch nicht nur das Kommunikationsverhalten der Nutzer, sondern auch das der Journalisten. Denn um den Trend des Web 2.0 zu folgen, müssen Medien den neuen digitalen Formaten entsprechend, ihre Inhalte aufbereiten und für den Leser zugänglich machen.

Über die Effektivität der Nutzung dieser neuen Errungenschaft scheiden sich jedoch die Meinungen. Zum einen Teil nutzen Blogger das Web 2.0 um über ihre persönlichen Interessen zu schreiben und sehen ihre Aktivität als eine Art Freizeitbeschäftigung. Zum anderen Teil gibt es heute vermehrt Nutzer, die auch im Bereich der Nachrichtenberichterstattung tätig werden und so in die Rolle des Journalisten schlüpfen. Bei nicht wenigen Journalisten, hat sich aufgrund dessen Wut und Unverständnis breit gemacht. Sie befürchten nicht nur einen Qualitätsverlust der im Internet publizierten Inhalte, sondern vor allem ein Abwandern ihrer Leser zu Portalen großer Internetunternehmen. Andere sehen das Web 2.0 als Möglichkeit vom Wissen der Leser zu profitieren und setzen mutig auf diese neue Art der Nachrichtendistribution.

2.2 Aufbau der Arbeit

In diesem Kapitel soll der Aufbau der vorliegenden Arbeit geschildert werden.

Zu Beginn wurde ein kurzer Einblick in das Thema Web 2.0 im Journalismus gegeben und dessen aktuelle Relevanz aufgezeigt.

Im nachstehenden Abschnitt „Problemstellung und Erkenntnisinteresse" soll nun konkret auf das Ziel dieser Arbeit eingegangen werden.

Das vierte Kapitel setzt sich mit der Thematik des Online-Journalismus auseinander. Es werden zunächst einige wichtige Begriffe erläutert und bedeutende Aspekte hervorgehoben. Im Anschluss folgt ein theoretischer Exkurs, der zu einem besseren Verständnis der Entwicklung des Journalismus beitragen soll.

Der darauffolgende Teil dieser Arbeit richtet sich im Speziellen auf die Nutzung von Web 2.0 im Journalismus. Zwei wichtige Begriffe „Web 2.0" und „Social Media" werden hier definiert und erklärt. Nach einem weiterem theoretischen Exkurs sollen schließlich Studien zur Nutzung von Web 2.0 im Online-Journalismus präsentiert werden.

Im sechsten Kapitel sollen neue Möglichkeiten des Web 2.0 für den Journalismus aufgezeigt werden. Anhand von Praxisbeispielen soll gezeigt werden, was im Bereich Web 2.0 für den Online-Journalismus möglich ist.

Zuletzt wird ein Resümee der Arbeit gezogen und auf mögliche Entwicklungen und Trends im Bereich des Online-Journalismus aufmerksam. Angehängt an die Arbeit findet sich die verwendete Literatur.

Im Nachfolgenden sollen nun Problemstellung und Ziel dieser Arbeit erörtert werden.

3 Problemstellung und Erkenntnisinteresse

Wie bereits einleitend erwähnt, bietet das Web 2.0 noch große Möglichkeiten im Bereich des Online-Journalismus. In Österreich haben die meisten Medienunternehmen diese neue Chance erkannt und sind bereits auf den verschiedensten „Social Networks" vertreten. Es ist die Welt des Web 2.0, in der sich die Leser heutzutage aufhalten und es ist daher unumgänglich darin präsent zu sein. Dass der alleinige Web 2.0 Auftritt allerdings nicht ausreichend ist um optimale Ergebnisse zu erzielen, soll in dieser Arbeit dargestellt werden. Denn in der Qualität und Innovation heben sich die Medienunternehmen ab, die gelernt haben das Web 2.0 richtig zu nutzen.

In seinem Buch „Wozu noch Journalismus" schreibt der Autor Sascha Lobo von einer suboptimalen Nutzung der Sozialen Netzwerke:

> „Was noch viel zu kurz kommt, ist nicht die bloße Verwendung von Social-Media-Plattformen um deren Existenz willen, sondern deren Eingang in journalistische Arbeitsprozesse und Ergebnisse." (Lobo 2010, 111)

Es geht darum herauszufinden welche Art der Darstellung und Aufbereitung von Inhalten durch Social Media erst möglich werden. Lobo spricht davon, dass die technischen Möglichkeiten des Internets ärgerlich wenig ausgeschöpft werden wenn er schreibt

> „Ab und zu sieht man bei der Onlineausgabe der New York Times oder auf dem Blog informationisbeautiful.net aufblitzen, was möglich wäre. Interaktive Visualisierungen, Grafiken, die einen zeitlichen Verlauf darstellen können, navigierbare Tabellen oder Übersichten – wenn man die Erklärung von Zusammenhängen als einen wichtigen Teil des Journalismus ansieht, wird hier eine riesige Chance vertan." (Lobo 2010, 111-112)

Lobo schreibt hier von einem nicht in Anspruch genommenen Potential zur Verbesserung journalistischer Qualität. Denn der Rückkanal des Web 2.0 hat dazu geführt, dass Nachrichten nicht endgültig sind. Artikel und Texte werden kommentiert und ergänzt, von Nutzern die über das jeweilige Thema gut oder gar besser Bescheid wissen, als der Journalist selbst.

Ein weiterer Aspekt der nur wenig beachtet wird ist die Möglichkeit der Recherche in der Öffentlichkeit. Das Einbinden und Aktivieren der Leser könnte als qualitativer Vorteil genützt werden und würde zugleich eine gewisse Nähe zum Publikum schaffen. Viel zu oft geschieht die journalistische Vorarbeit jedoch abseits der Öffentlichkeit. Auch wenn Möglichkeiten der Kommunikation mittels Social-Media-Plattformen bestehen, kommt es nur äußerst selten zu einer zufriedenstellenden Interaktion mit den Lesern. So wird es den Lesern beispielsweise ermöglicht Kommentare zu verfassen, jedoch werden diese spärlich bis gar nicht beantwortet.

Die Ursachen liegen hier einerseits darin, dass noch zu wenig Zeit in die Interaktion mittels Web 2.0 investiert wird, andererseits auch aufgrund von fehlendem Bewusstsein um die Wichtigkeit dieses neuen Kanals.

Das man im Journalismus auf Social Media nicht verzichten darf, darüber sind sich die meisten einig. Denn lässt man dieses Medium einfach weg, so besteht die Gefahr die Nutzer einer ganzen Generation zu verlieren. Peter Horrocks, Nachrichtenchef von BBC schreibt sogar:

> „Das ist nicht irgendeine Marotte von einem Technikbegeisterten. Ich fürchte, man kann seinen Job nicht erfüllen, wenn man mit diesen Dingen nicht umgehen kann." (Lobo 2010, 114)

Die optimale Nutzung von Social-Media Features im Online-Journalismus stellt somit das Interesse dieser Arbeit dar. Im Vordergrund stehen insbesondere die Möglichkeiten, die sich durch diesen neuen Kanal ergeben.

4 Online-Journalismus

Die folgenden Seiten dieser Arbeit sind dem Online-Journalismus gewidmet. Zu Beginn ist es erforderlich einige Begriffe zu definieren.

4.1 Begriffsdefinitionen

4.1.1 Journalismus

Es gibt viele Möglichkeiten Journalismus zu definieren. Dennoch ist es für diese Arbeit wichtig diesen Begriff zunächst genau zu untersuchen um Unklarheiten zu vermeiden.

Klaus Meier definiert den Begriff Journalismus, indem er beschreibt was ein Journalist tut:

> „Ein Journalist recherchiert, selektiert und präsentiert Themen, die neu, faktisch und relevant sind. Er stellt Öffentlichkeit her, indem er die Gesellschaft beobachtet, diese Beobachtung über periodische Medien einem Massenpublikum zur Verfügung stellt und dadurch eine gemeinsame Wirklichkeit konstruiert. Diese konstruierte Wirklichkeit bietet Orientierung in einer komplexen Welt." (Meier 2007, 13)

In ihrem Buch *The Elements of Journalism* haben Bill Kovach und Tom Rosenstiel nachdem sie hunderte Journalisten interviewt haben folgenden Wert für den Journalismus gefunden:

> „The primary purpose of journalism is to provide citizens with the information they need to be free and self-governing." (Bowman und Willis 2007, 11)

Dem Online-Journalismus kommen hier noch ein paar Charakteristika hinzu.

4.1.2 Onlinejournalismus

Ein besonders wichtiger Aspekt im Online-Journalismus ist die Aktualität. Durch die technische Entwicklung des Internets verschwinden Barrieren wie Zeitzonen beinahe gänzlich und machen es dem Journalisten möglich Inhalte unmittelbar weltweit zu verbreiten. Hinzu kommt die Möglichkeit zu jeder Zeit Nachrichten zu ändern oder zu aktualisieren, da man auf Produktionszeit und Vertriebswege nicht mehr gebunden ist. Der Journalist kann auf Kommentare oder Kritiken der Leser sofort reagieren und seine Texte dementsprechend bearbeiten und kommentieren. Es kommt zu einer Interaktion zwischen Journalist und Leser. Erleichtert werden Interaktionsmöglichkeiten in der heutigen Zeit durch Web 2.0 Plattformen wie Facebook und Twitter. Solche Mitmach-Plattformen haben durch eine große Vernetzung den Vorteil, dass auch ein Publikum erreicht werden kann, welches vermutlich die Nachricht sonst nicht bekommen hätte. (Vgl. Heijnk 2002, 2 ff)

Moritz Sauer fasst „guten" Online-Journalismus folgendermaßen zusammen:

> „Guter Online-Journalismus ist immer ein Wechselspiel zwischen interessanten Inhalten und sinnvoll genutzten Technologien. Durch diese Kombination wird zum einen eine andere Vermittlung von Informationen möglich, denn vor allem über Links lassen sich neue Bezugsfelder eröffnen. Zum anderen lassen sich Leser interaktiv einbinden indem ihnen die Möglichkeit geboten wird, unmittelbar Kommentare und Rückmeldungen zu einem Beitrag zu hinterlassen. Darüber hinaus haben Online-Medien den Vorteil, dass die Verbreitung von Inhalten mehr in den Bahnen eines Netzwerks verlaufen kann. Technologien wie RSS-Feeds, mit denen Leser oder Hörer unmittelbar über die Veröffentlichung eines neuen Beitrags informiert werden können, machen dies möglich." (Sauer 2007, 215)

Sauer sieht demnach in den Eigenschaften von Online-Medien einen Vorteil für den Journalismus. Die wichtigsten Aspekte von Online-Medien fasst Trappel in seinem Buch „Online-Medien - Leistungsprofil eines neuen Massenmediums" folgendermaßen zusammen:

4.1.3 Online-Medien

> • „Digitalität, Ubiquität: Die Verarbeitung der Inhalte erfolgt durch den Einsatz von digitalen Technologien, die eine Vervielfältigung ohne Qualitätsverlust sowie eine universelle Verfügbarkeit gewährleistet, ohne Einschränkungen nach Raum und Zeit.
>
> • Aktualität, ‚immediacy': Online-Medien weisen keinen Publikumsrhytmus auf, ihre Inhalte können ohne Zeitverzögerung und jederzeit für die Nutzung im Internet bereitgestellt werden.
>
> • Multimedialität: Die Inhalte können unter Verwendung aller medialen Formen hergestellt und bereitgestellt werden. Dazu zählen neben Text und Bild auch Bewegtbild (Video), Ton, Grafik, Animation, etc.
>
> • Interaktivität: Zwischen den Kommunikatoren des klassischen Massenkommunikationsmodells und den Rezipienten besteht eine erheblich gestärkte Verbindung. Letztere können unmittelbar, ohne Zeitverzögerung und ohne Medienbruch Stellung nehmen.
>
> • Hypertextualität: Die lineare narrative Struktur der Massenkommunikation wird durch eine Vernetzung von Inhalten und Quellen aufgebrochen. Usern von Online-Medien steht ein Vielfaches an themenspezifischer Information zur Verfügung." (Trappel 2007, 35)

Der für diese Arbeit am wichtigsten Aspekt, stellt für den Online-Journalismus die Interaktivität dar. Denn darauf baut das Konzept des Web 2.0, welches im Verlauf dieser Arbeit noch näher behandelt werden wird.

4.1.4 Interaktivität

Der Begriff Interaktivität wird häufig für neue Medien mit einer besonderen Eigenschaft verwendet. Man versteht darunter vereinfacht ausgedrückt, die Kapazität eines Systems zum Nutzer „zurückzusprechen". (Vgl. Höflich 2006, 106-107)

> „Interaktion meint, als soziologischer Terminus, wechselseitiges, aufeinander bezogenes soziales Handeln. Interaktive Medien sind je unterschiedlich ‚interaktionsermöglichend', indem sie Interaktionen mit einem Medium (Abruf von Informationen, Inanspruchnahme von Dienstleistungen, parasoziale Beziehungen zu virtuellen Kreaturen wie Lara Croft) und Interaktionen durch ein Medium (zeitgleich, wie beim Online-Chat, oder zeitverzögert, wie bei der E-Mail) erlauben." (Höflich 2006, 107)

Einher mit der Entwicklung von Online-Medien hat sich eine neue Form des Journalismus gebildet: der Partizipative Journalismus.

4.1.5 Partizipativer Journalismus

Man geht davon aus, dass nur fünf Prozent der Bevölkerung Inhalte kreiert, während die Anderen diese ansehen, anhören, lesen und konsumieren. Die digitale Technologie von heute setzt genau hier an, sodass die restlichen 95 Prozent sich kreativ einbringen und Themen mitgestalten können. Denn laut Marc Canter, Gründer von *Broadband Mechanics*, ist jeder im Internet ein potentieller Experte für einen gewissen Bereich. Von Modellflugzeugen, zu Pez-Spendern, bis hin zu digitalen Fototechniken sind hier keinerlei Grenzen gesetzt. (Vgl. Bowman und Willis 2007)

Der Partizipative Journalismus reicht jedoch zurück bis ins achtzehnte Jahrhundert. Zu dieser Zeit waren Zeitungen oft von Kontributionen des Volkes abhängig. Man spricht daher auch von Bürgerjournalismus.

Eine sehr gut getroffene Definition des Partizipativen Journalismus stammt von Sven Engesser:

> „Partizipativer Journalismus beteiligt Nutzer zumindest am Prozess der Inhaltsproduktion, wird außerhalb der Berufstätigkeit ausgeübt und ermöglicht die aktive Teilhabe an der Medienöffentlichkeit." (Engesser 2008, 66)

Bowman und Willis ergänzen diese Definition noch, indem sie festlegen, dass Bürgerjournalismus das Ziel hat eine unabhängige, genaue und breit-gefächerte Berichterstellung herzustellen:

„The act of a citizen, or group of citizens, playing an active role in the process of collecting, reporting, analyzing and disseminating news and information. The intent of this participation is to provide independent, reliable, accurate, wide-ranging and relevant information that a democracy requires." (Bowman und Willis 2007, 9)

Nachdem nun die wichtigsten Begriffe im Hinblick auf Online-Journalismus für diese Arbeit erläutert wurden, sollen im nächsten Abschnitt einige bedeutende Theorien zum Journalismus diskutiert werden.

4.2 Theorien zum Journalismus

„'Klassisch' werden wissenschaftliche Theorien, wenn sie für Gegenwarts- und Zukunftsprobleme wissenschaftsfähige Lösungen anbieten können." (Rühl 2007, 119)

Die folgenden Theorien sollen ein tieferes Verständnis für die Arbeitsweise des Journalisten geben. Dieses ist für diese Arbeit insofern relevant, da sie sich mit der Nutzung des Web 2.0 im Journalismus beschäftigt und somit auch dessen Arbeitsweisen untersucht.

4.2.1 Nachrichtenwerttheorie

Eine Theorie, die sich mit der Aufgabe des Selektierens von Unwichtigem und Interessantem befasst, ist die Nachrichtenwerttheorie. Ob im Journalismus eine Nachricht publiziert wird hängt von einer Reihe von verschiedenen Kriterien so genannten „Nachrichtenfaktoren" ab. Lippmann nennt hierfür zum Beispiel Sensationalismus, Nähe, Relevanz, Eindeutigkeit und Faktizität. (Vgl. Eilders 1997)

Eine andere Unterteilung macht Einar Östgaard. Für ihn erfüllen die drei Faktoren – Vereinfachung, Identifikation und Sensationalismus die Funktion Nachrichten interessant zu gestalten. Die Erfüllung dieser drei Faktoren dient zur Überwindung der so genannten „Nachrichtenbarriere". Verfügt ein Ereignis über alle der oben genannten Faktoren ist die Wahrscheinlichkeit einer Veröffentlichung sehr groß. (Vgl. Östgard 1965, 41-43)

Zusammenfassend lassen sich mittels Nachrichtenwerttheorie Rückschlüsse ziehen, warum gewisse Nachrichten besser ankommen als andere. Außerdem lässt sich festhalten, dass nicht alle Nachrichten publiziert sondern zunächst selektiert werden.

Eine bedeutende Theorie zur Selektion von Nachrichten liefert auch der Gatekeeper-Ansatz.

4.2.2 Gatekeeper-Ansatz

Ein Ansatz, der für die Themenwahl und für das Aufbereiten von journalistischen Inhalten eine wichtige Rolle spielt, ist die „Gatekeeper Forschung" von David Manning White. Manning geht davon aus, dass die Nachrichtenauswahl innerhalb einer sozialen Gruppe immer von einer Schlüsselposition „Gatekeepers" abhängt. Das heißt, dieser „Schleusenwärter" konzentriert sich auf die für ihn interessanten Nachrichten und vernachlässigt triviale und weniger interessante Nachrichten. Die Nachrichten, die zu dem Zielpublikum durchdringen sind also vorselektiert. (Vgl. Burkart. 2002, 276)

Aufgrund der enormen Menge an Angeboten im Internet, entwickelte sich das Bild des Gatekeepers rasch zu dem eines „Gatewatchers". (Vgl. Burns 2005, 11-19)

4.2.3 „Gatewatching"

Gemeint ist mit dieser Bezeichnung, dass der Journalist heute nicht mehr der Einzige „Schleusenwärter" ist, da das Publikum ebenso Inhalte mitgestaltet und veröffentlicht. Der Autor Jim Hall schreibt daher:

> "As readers become their own storytellers the role of 'gatekeeper' is largely passed from the journalist to them" (Hall 2001, 5)

Diese Veränderung führt dazu, dass der Nutzer selbst für seine Informationsauswahl verantwortlich gemacht wird, da die klassische Filterleistung des „Gatekeepers" wegfällt. Der Onlinejournalismus ist deshalb aufgefordert neben einer aktuellen Informationsverbreitung auch Angebote für den Nutzer schaffen, die es ermöglichen auf Rückmeldungen zu antworten und mit dem Publikum zu interagieren. Dadurch können in weiterer Folge neue und widersprüchliche Nachrichten sofort aufgenommen und notfalls korrigiert werden.

> „Consumers are no longer passive receivers of marketing messages; instead, they are using Facebook, MySpace, YouTube and Twitter to voice their opinions - both positive and negative." (Sinclaire und Vogus 2011, 1)

Trotz dieser Entwicklung durch das Internet wird der Begriff des Gatekeeper, jedoch weiterhin eine starke Bedeutung spielen, da vor allem im Printbereich nach wie vor Kontrollorgane darüber entscheiden werden und werden müssen, welche Inhalte publiziert werden.

5 Web 2.0 im Journalismus

„Wie immer man die gegenwärtige Entwicklung bezeichnen mag, ob als Medienwende, Kommunikationsrevolution oder Wandel zur postindustriellen Informationsgesellschaft, unstrittig ist, dass der digitalen Technologie dabei eine Schlüsselrolle zufällt." (Beck, Glotz und Vogelsang 2000, 47)

Nach dem wir uns dem Online-Journalismus zugewandt haben, soll nun konkret auf die Nutzung des Web 2.0 im Journalismus eingegangen werden. Zunächst ist es sollen einige wichtige Begriffe bestimmt werden.

5.1 Begriffsdefinitionen

„Es ist eine ärgerliche Tatsache, dass Grundbegriffe der Kommunikationswissenschaft wenig bestimmt sind." (Neuberger 2007, 33)

5.1.1 Web 2.0

In den vergangenen Jahren hat sich die Kommunikative Infrastruktur stark verändert. Neue Begriffe wie „Web 2.0" und „Social Media" wurden eingeführt.

Eine präzise Definition für die den Begriff Web 2.0 findet sich bei Haas/Gerhards:

„Der Begriff beschreibt alle Internetapplikationen, die hohe Gestaltungs- und Kommunikationsmöglichkeit für den User bereitstellen. Damit unterscheidet sich das Web 2.0 vom Web 1.0 durch ein anderes „Selbstverständnis" des Internets, durch die intensive Einbindung des Nutzers in die Gestaltung der Inhalte und durch die Dialoge." (Haas/Gerhards 2007, S. 215)

Entstanden ist der Begriff Web 2.0 auf einer gleichnamigen Konferenz im Herbst 2004, zum Thema aktueller Entwicklungen des Internet. Tim O'Reilly versuchte darauffolgend eine genaue Definition zu finden und schrieb einen Essay „What ist the Web 2.0?" (Vgl. Feyrer 2009)

Das Web 2.0 ermöglicht es dem Benutzer eigenständige Inhalte zu kreieren und diese mit seiner Umwelt zu teilen. Es liegt daher nicht im Interesse von Web 2.0 Plattformen selbst Information zu erstellen, sondern lediglich einen Raum zu Verfügung zu stellen, welcher vorgibt an welche grundlegenden Regeln sich Nutzer zu halten haben. (Högg, et al. 2006)

Im Allgemeinen lassen sich folgende Web 2.0 Plattformen unterscheiden:"

Content-orientierte Web 2.0 Plattformen unterstützen das Kreieren, Verwalten, Konsumieren und Austauschen von unterschiedlichen textuellen oder multimedialen Inhalten. Sie können weiterhin unterteilt werden in:

- Blogs
- Wikis
- Media Sharing Plattformen
- Plattformen zum Austausch von Informationen
- Social Tagging und Social Bookmarking Plattformen.

Beziehungsorientierte Web 2.0 Plattformen bieten Funktionalitäten zur Abbildung und Verwaltung von sozialen Netzwerken unterschiedlichster Art.

Virtuelle Welten basieren auf dreidimensionalen virtuellen Abbildungen der Welt." (Stanoevska-Slabeva 2008, 5)

Durch diese neue „Mitmach-Plattform" wird deutlich, dass die Benutzer zunehmend an Einfluss und Beachtung gewinnen. In vielen Bereichen erreicht der User Generated Content, also der von den Nutzern selbst erstellte Inhalt, die Qualität von klassischen Printmedien. Da dieser publizierte Content noch dazu kostenlos verfügbar ist, sehen einige Journalisten darin eine Gefahr für den Printbereich. (Vgl. Stanoevska-Slabeva 2008)

Die Bedeutsamkeit von Web 2.0 lässt sich leicht erkennen, wirft man einen Blick auf die Top 500 Websites in Österreich. Die folgende Abbildung zeigt, dass mit Facebook und Youtube, zwei der meistbesuchtesten Websites in Österreich Web 2.0-Plattformen sind. Lediglich die Suchmaschine *Google* wird häufiger verwendet.

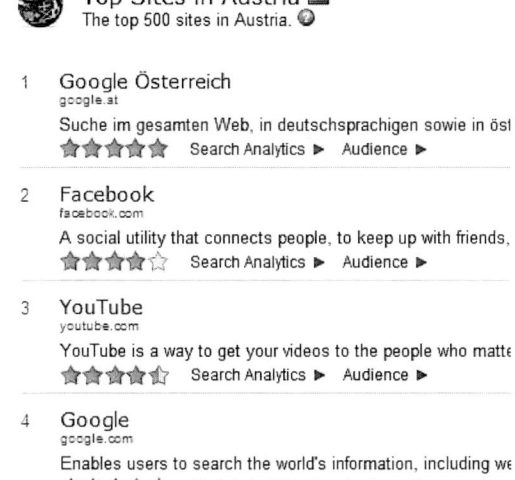

Abb. 5-1: Top 500 sites (Alexa Ranking 2012)

Ein weiterer wichtiger Begriff, der häufig als Synonym für Web 2.0 verwendet wird ist Social Media.

5.1.2 Social Media

Der Begriff Social Media hat sich erst in den letzten Jahren durchgesetzt. Bis dahin wurde Internet vor allem als Informationsquelle verwendet. Bernet schreibt

> „Social Media ist der beste Versuch, etwas zu benennen, das sich mit großer Geschwindigkeit in verschiedenste Richtungen bewegt. Der Begriff umfasst alle Möglichkeiten des Austausches im Netz: Soziale Netzwerke, Blogs, Foto- und Videoportale oder auch Webseiten mit Kommentarfunktion." (Bernet 2010, S.9)

Der nachfolgende Abschnitt beschäftigt sich mit Theorien zur Mediennutzung. Dadurch soll ein besseres Verständnis für Motivation der Nutzung von Medien gegeben werden.

5.2 Theorien zur Mediennutzung

Eine Theorie, die sich mit der Rezeption von Massenmedien befasst, ist der Uses-and-Gratifications Ansatz

Der Uses-and-Gratifications-Ansatz oder auch Nutzen-und-Belohnungsansatz, geht davon aus, dass „die Rezeption massenmedial vermittelter Inhalte v. a. deswegen erfolgt, weil man sich von diesem Umstand eine Art ‚Belohnung' erwartet." (Burkart 2002, S. 222) Die Informationen der Massenmedien stellen somit eine Möglichkeit der Bedürfnisbefriedigung dar.

Vertreter dieses Nutzen-und-Belohnungsansatzes haben sich die Frage gestellt, welche Bedürfnisse Rezipienten durch Mediennutzung befriedigen wollen. Winfried Schulz spricht hierbei von physischen, psychologischen und sozialen Grundbedürfnissen. (Vgl. Schulz 2000) Zu medienbezogenen Bedürfnisse von großer Bedeutung zählen laut McQuail „Informationsbedürfnis (Orientierung, Ratsuche, Neugier, Sicherheit durch Wissen etc.), ein Bedürfnis nach persönlicher Identität (Bestärkung persönlicher Werthaltungen, Suche nach Integration und sozialer Interaktion schaffen, Ersatz für fehlende Partnerschaft, Kontaktsuche etc.) sowie ein Bedürfnis nach Unterhaltung (Eskapismus, Entspannung, Mood-Management; McQuail et al. 1972; McQuail 1997)." (Reinemann 2003: 15) Die Aufzählung möglicher Bedürfnisse scheint jedoch keinesfalls komplett, so Reinemann. (Vgl. Reinemann 2003)

Kritiker des Uses-and-Gratifications-Ansatzes behaupten, dass die Mediennutzung von Rezipienten vor allem routinemäßig und habituell verlaufe und sei deshalb „weder zielgerichtet („aktiv") noch durch bestimmte Bedürfnisse verursacht" (Windhal, zit. n. Reinemann 2003: 16)

Aus diesem Grund verknüpften Renckstorf und Teichert den Uses-and-Gratifications-Ansatz mit dem Symbolischen Interaktionismus, einer der wichtigsten soziologischen Handlungstheorien, und entwickelten somit den Nutzenansatz. (Vgl. Teichert, 1972)

Unterteilt wird dieser in die drei Grundkonzepte Publikumsaktivität, soziales Handeln und Interpretation. Laut dem Nutzenansatz sind Medieninhalte „Wirklichkeitsangebote, die von den Rezipienten zu Objekten ihrer eigenen Umwelt gemacht und wahrgenommen werden müssen." (Renckstorf, zit. n. Reinemann 2003: 16) Des Weiteren ist Mediennutzung definiert als „soziale Handlung, mit der medial angebotene Informationen sinn- und absichtsvoll genutzt und benutzt werden". (Reinemann 2003:16) Zusammenfassend kann gesagt werden, dass soziale Wahrnehmungen der Rezipienten einen Einfluss auf Informationssuche und Mediennutzung haben. (Vgl. Reinemann 2003:20)

Eine andere Erklärung der Medienrezeption macht der repertoire-orientierte Ansatz. Dabei werden die Muster der Mediennutzung mit Nutzungsumfang und Informationsverhalten in verschiedenen Mediengattungen kombiniert und verglichen. Im Gegensatz zur Theorie der transmedialen Nutzungsstile wird hier stärker auf die Interaktion zwischen Persönlichkeitsmerkmalen (z.B. Medienpräferenzen) und den Medienstrukturen (Inhalte und Angebote) wertgelegt. (Vgl. Hasebrink/Popp 2006: 385). Bucher fasst den den repertoire-orientierten Ansatz wie folgt zusammen: „Eine Generalisierung des repertoire-orientierten Ansatzes liegt darin, die jeweiligen Medienrepertoires auf bestimmte Lebensstile oder soziale Milieus zurückzuführen." (Bucher 2008:314)

Zu den Theorien der Mediennutzung ist noch zu ergänzen, dass sich diese sowohl für die Journalisten als auch für dessen Leser anwenden lassen. Im nächsten Kapitel sollen nun aktuelle Studien zum Thema Nutzung von Web 2.0 im Online Journalismus dargelegt werden. Hier ist der Fokus auf den Journalisten selbst gerichtet.

5.3 Studien zur Nutzung von Web 2.0 im Online-Journalismus

Bis heute gibt es erstaunlich wenige Studien zum Einsatz und Nutzen von Web 2.0 im Bereich des Online-Journalismus. Die Forschung beschränkt sich meistens auf die Rolle der Journalisten, beeinflusst durch die Partizipation der Nutzer im Web 2.0 und die Gefahr eines Qualitätsverlustes. In dieser Arbeit sollen hingegen ausschließlich Ergebnisse präsentiert werden, die sich auf den Journalisten selbst und dessen Nutzen vom Web 2.0 fokussieren.

Ergebnisse einer Untersuchung der 100 auflagestärksten Tageszeitungen Deutschland zeigten, dass die Zeitungen mit den meisten Online-Features vor allem Weblogs, Foren und Videos verwenden (Vgl. Büffel 2008, S.139f). Verglichen mit einer ähnlichen Studie der Bivings Group[1] in den USA zeigt sich jedoch, dass deutsche Zeitschriften in allen Online-Angeboten, bis auf der Kategorie „Chat" deutlich zurückliegen.

> „Die Vergleichswerte für den US-Markt sprechen eine deutliche Sprache, dort setzen die auflagestärksten Zeitungsverlage online bereits konsequenter alternative Distributionswege (z.B. RSS), multimediale Elemente (z.B. Videos) und dialogische Formate in Form von Kommentarfunktionen und Weblogs ein." (Büffel 2008: 141)

Drastisch ist zudem die mangelnde Möglichkeit der Interaktion auf den Websites der untersuchten deutschen Zeitungen. So war nur bei jedem zehnten Onlineangebot eine Kommentarfunktion für redaktionelle Beiträge nachweisbar. (Vgl. ebd.)

Der Weblog ist ein hervorragendes Mittel um interessante Neuigkeiten rasch unter die Lesern zu verbreiten. Allerdings fühlen sich Journalisten gezwungen sich zwischen ihrem Job und

---

[1] http://www.bivingsreport.com

ihrem Weblog entscheiden zu müssen. Manche Medienfirmen verbieten ihren Angestellten gar Weblogs zu betreiben, anstatt herauszufinden wie sie davon profitieren könnten. Bei den Lesern führt das zum Bedenken, denn wenn Journalisten öffentlich nicht ihre Meinung sagen könne, was verbergen die Medienfirmen dann? (Vgl. Bowman und Willis 2007)

Diese negative Einstellung dem Web 2.0 gegenüber findet sich auch in anderen Branchen wieder.

In der Cisco Austria-Studie „Social Media in Unternehmen" zeigt, dass sich Unternehmen im Allgemeinen einig sind noch nicht das Potential von Social Media ausreichend umzusetzen. So gaben nur 30 Prozent der Befragten Unternehmen an Diskussionsforen, Blogs und Chats für deren Mitarbeiter zu Verfügung zu stellen und somit Interaktion zu ermöglichen. (Vgl. Cisco Systems 2011)

Viele Unternehmen schlagen allerdings den falschen Weg ein wenn sie im Büro die Verwendung von Web 2.0 nicht gestatten. In England, so die Studie „Collaboration Nations", verbieten laut Umfrage beispielsweise rund 64 Prozent der Unternehmen Social Media Anwendungen. Dass dies für die Unternehmenskommunikation nicht förderlich sei, betont Michael Ganser, Senior VicePresident von Cisco DACH „Großkonzerne und auch Mittelständler sollten sich dieser Entwicklung nicht entziehen. Wichtig sind vielmehr klare Unternehmensrichtlinien und ein sicheres Netzwerk. Ein Verbot der Anwendungen ist der falsche Schritt." (Cisco Systems. 2011)

Umso wichtiger ist es gerade im Bereich des Journalismus nicht diesen falschen Schritt zu setzen, sondern als positives Beispiel voranzugehen.

Mittlerweile hat sich im Web 2.0-Auftritt der Zeitungen einiges getan. Die Potentiale von Social Media-Plattformen spielen eine zentrale Rolle, wenn es darum geht den „Leser von Heute" zu erreichen. Es gilt die Leser einzubinden und mit ihnen in Interaktion zu treten, um so im umkämpften Online-Markt zukunftsfähig zu bleiben. Für die Verlage bedeutet diese Aktivierung der Leser eine Möglichkeit ihre Online-Marke zu stärken, während die Nutzer von neuen Onlineangeboten vor allem davon profitieren, dass sie die Möglichkeit haben sich in lokale Diskurse einzubringen und ihre Meinungen zu äußern. (Vgl. Büffel, 2008, S. 143)

In der Studie „New Media, New Influencers and Implications for Public Relations Professions" wurden Komunikationsexperten folgende Frage gestellt: "Which industries' customers, employees, suppliers, etc. do you believe would be most likely to be influenced by social media?". 85 Prozent der Befragten gaben an, dass die Medien am ehesten von Social Media beeinflusst werden. (Gillin 2008, 1-10)

Die Befragung „Social Media im Journalismus", untersucht wo Journalisten ihre Geschichten finden und überprüfen. Erstaunlich ist, das ein großer Anteil der Befragten (46,7 Prozent) angaben über die Social Media Anwendung Twitter ihre Nachrichten für ihre Stories zu bekommen. Zwar sind PR-Agenturen (61 Prozent) und Unternehmenssprecher (57 Prozent)die Hauptnachrichtenquellen, doch macht sich ein deutlicher Wandel bemerkbar (vgl. Schmidt 2010).

Der Medien-Trendmonitor präsentierte im Juni 2010 in Hamburg die Ergebnisse der Online Befragung „Journalismus in einem neuen Informationszeitalter", die von *news aktuell* und *Faktenkontor* durchgeführt wurde. Mittels Internetbefragung wurden im Zeitraum vom 1. März bis 15. März 2010 insgesamt 2,682 Journalisten verschiedenster Medien zur Entwicklung des Journalismus befragt. (Vgl. news aktuell GmbH 2010)

Diese Untersuchung zeigte deutlich wie bedeutend Social Media für den Journalismus ist. So gaben etwa 46,9 Prozent der Befragten Journalisten an, Social Media habe eine hohe Relevanz für die journalistische Arbeit. Zu den drei am häufigsten genutzten Social Media-Dienste zählen Youtube (38,3 Prozent), Xing (37,5 Prozent) und Facebook (36,6 Prozent).

Ein interessantes Resultat zeigt sich bei der Frage „Welche Relevanz hat Social Media für die journalistische Arbeit?". Insgesamt sehen ungefähr die Hälfte der Befragten eine „Hohe Relevanz" für Social Media. Den Ergebnissen zufolge halten vor allem Journalisten mit weniger Berufserfahrung Social Media für bedeutsamer als ihre Kollegen die schon länger im Journalismus tätig sind. So gaben 50% der Redakteure mit bis zu 2 Jahren Berufserfahrung eine hohe Relevanz an, im Vergleich zu lediglich 42,5% der Kollegen mit mehr als 2 Jahren Berufserfahrung. (Vgl. Ebd.)

Das der Bereich Social Media im mehr an Bedeutung gewinnt zeigt sich auch darin, dass viele Journalisten bei ihrer Beobachtung von Online-Nachrichten davon gebrauch machen. So liegen zwar Nachrichtenportale wie z.B. *spiegel.de* im Gebrauch mit circa 88 % noch deutlich vorne, jedoch geben rund die Häfte der Befragten an, ihre Nachrichten über Blogs und Twitter zu beziehen. So ist es auch nicht verwunderlich, dass 33,8% die „Beherrschung der modernen Internetkommunikation (Web 2.0)" als eine der drei wichtigsten Fähigkeiten für den Jounralisten der Zukunft halten. (Vgl. news aktuell GmbH 2010)

Fast die Hälfte aller befragten Journalisten gaben an, sich „gut" für die digitale Zukunft gerüstet zu fühlen. Dennoch äußern sich viele negativ über die Entwicklung ihres Berufes. Zur Frage wie sich der klassische Journalismus bis 2020 entwickeln wird, wurden folgende Aussagen am häufigsten genannt:

- „Zahlreiche heutige Tageszeitungen werden nicht mehr erscheinen.
- Print wird drastisch an Bedeutung verlieren.
- Es wurd deutlich weniger Journalisten geben." (news aktuell GmbH 2010, 10)

Diese Einstellung zum zukünftigen Journalismus spiegelt eine gewisse Angst unter den Journalisten. Begründet wurde diese zumeist mit der „weit verbreiteten Umsonst-Mentalität im Internet" und der „Konkurrenz durch Umsonst-Anbieter".

Es ist daher nicht verwunderlich, dass die Entwicklung des Web 2.0 für einige Journalisten als Bedrohung gesehen wird. Im nächsten Abschnitt soll diskutiert werden, woher diese Panik kommt und ob sie berechtigt ist.

5.4 Die Angst vor dem Partizipativen Journalismus

> „Am liebsten würden Journalisten so weitermachen wie bisher. Aber genau das ist der springende Punkt: Altbewährtes funktioniert immer schlechter, weder als Geschäftsmodell noch als Handwerk. Immer mehr Leser, Zuschauer, Hörer erwarten Neues neben den hergebrachten journalistischen Publikationen, Formaten und Darstellungen. Die Zukunft des Journalistenhandwerks verlangt nach neuen Strategien und Konzepten, vielleicht auch nach anderen Begrifflichkeiten." (Weichert und Kramp 2010, 20)

Im Allgemeinen haben Studienergebnisse bestätigt, dass die Partizipationsformen im Journalismus von einer Reihe externer Faktoren wie Technologie, Wirtschaft und größere Sozialkulturelle Gebilde beeinflusst werden. (Vgl. Chapman/ Nutall 2011, S. 291)

Der Partizipative Journalismus ist ein sogenanntes „bottom-up" Phänomen, bei der es kaum zu einer Kontrolle journalistischer Arbeitsschritte kommt. Es ist vielmehr das Ergebnis von vielen verbreiteten Konversationen die im Internet entweder Anstoß finden oder sofort wieder erlöschen. Was den Partizipativen Journalismus vom traditionellen Journalismus stark unterscheidet ist die Struktur der Produktion von Nachrichten.

Über diese Strukturveränderung schreibt John Seely Brown, in seinem Buch *The Elements of Journalism*:

> „In an era when anyone can be a reporter or commentator on the Web, ‚you move to a two-way journalism.' The journalist becomes a ‚forum leader,' or a mediator rather than simply a teacher or a lecturer. The audience becomes not consumers, but ‚pro-sumers,' a hybrid of consumer and pruducer." (Bowman und Willis 2007, 9)

Die Folgende Grafik stammt aus dem Werk „We Media" und skizziert genau dieses Phänomen. (Vgl. Bowman und Willis 2007, 7)

Broadcast: Top-down news

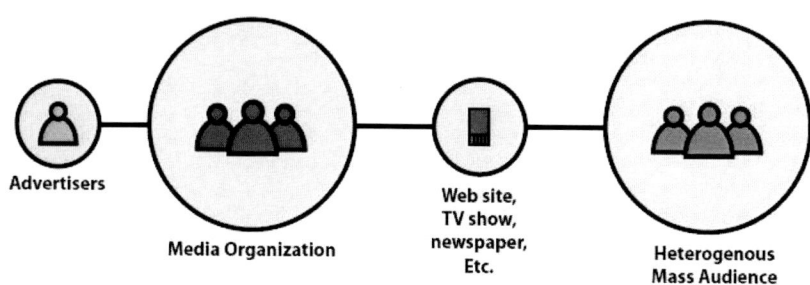

Intercast: Bottom-up news

Abb. 5-2: Top-down vs Bottom-up news (Bowman und Willis 2007, 10)

Clay Shirky, Professor an der NYU beschreibt dieses Modell. Er meint, dass im ersten Model die Nachrichten zuerst (von Medien Organisationen) gefiltert und dann publiziert werden. Umgekehrt ist es Hingegen beim Bottom-up Model: zuerst wird publiziert und danach filtert sich der Nutzer selbst welche Informationen er für notwendig hält. (Vgl. Bowman und Willis 2007, 12)

> „As the action spreads from the producers (the few) to the users (the many), it becomes much, much harder to get an overview of the revolutionary things occuring." (Bowman und Willis 2007, 47)

Bereits 1995 hatte der Autor Nocholas Negroponte Vermutungen über die Entwicklungen der Online-Nachrichten in seinem Buch *Being Digital* geäußert. Darin schreibt er, dass es in Zukunft für den Leser möglich sein wird nur noch die Inhalte und Quellen zu lesen, die ihn wirklich interessieren. (Vgl. Bowman und Willis 2007, 7)

> „Aufgrund der Fülle der Angebote (…) und der hohen Dynamik der Veränderungen im Internet fehlt bislang ein systematischer Überblick über den Einsatz von Web-2.0-Features in der Online-Zeitungslandschaft (…)" (Büffel 2008, 139)

Ein weiterer Punkt der beim Partizipativen Journalismus oft kritisiert wird, ist die Glaubwürdigkeit der Berichterstattung. Oft sind keine Quellen ersichtlich und daher das notwendige Vertrauen in die Qualität der Nachrichten nicht vorhanden. Es ist daher wichtig eine gewisse Transparenz herzustellen, um den Lesern einen Einblick zu gewähren und ihnen zuzuhören.

Die Möglichkeiten des Web 2.0 und damit auch die des Partizipativen Journalismus werden im nächsten Kapitel ausführlich besprochen.

6 Möglichkeiten im Web 2.0

„Ist es nicht erstaunlich, in welch geringem Maße Journalisten Gebrauch machen von den Möglichkeiten des neuen Mediums?" (Niggemeier 2010, 43)

Auch wenn es derzeit viele Befürchtungen bezüglich des Qualitätsverlustes, sowie zum sinkenden Status des Berufs im Onlinejournalismus gibt, zeichnen sich durchaus auch Vorteile und neue Möglichkeiten im Web 2.0 ab.

Weblogs sind in den vergangen Jahren im Internet wie Pilze hochgeschossen. Da es zu jedem denkbaren Thema Blogs gibt und das Interesse danach nicht nachlässt, sind Blogger zu ernstzunehmenden Teilnehmer in der Verbreitung von Information geworden. Der Kolumnist des *Wall Street Journal* Walter Mossberg, sieht in der Entwicklung von Weblogs einen Vorteil:

„The good thing about them is hat they introduce fresh voices into the national discourse on various topics, and help build communities of interest through their collections of links." (Bowman und Willis 2007, 8)

Denn dass die Bevölkerung durch ihre Partizipation meist ganz andere Ziele beabsichtigt, als von manchen Journalisten befürchtet wird, zeigt auch die folgende Studie.

Die sogenannte GOTA Studie (Global Opportunities and Threat Analysis), ein schwedisches Befragungsprojekt zeigte, dass aus Sicht des Publikums meist gar kein Interesse bestehe Inhalte auf Nachrichtenseiten im Internet zu erstellen. So sehen selbst Blogger ihre Aktivitäten vermehrt als Freizeitbeschäftigung und zur Erholung, als das sie dadurch etwas in Richtung „citizen journalism" beitragen. Nur eine kleine Elite ist darin interessiert ihren eigenen Inhalt zu kreieren; für die breite Masse geht es vor allem darum über von anderen erstellte Inhalte zu kommentieren und diskutieren. Insgesamt zeigt sich ein Trend, dass je jünger und je ausgebildeter man ist, desto eher schreibt man. (Vgl. Chapman/ Nutall 2011, S. 291

Einen entscheidenden Vorteil des Bürgerjournalismus bietet die Sprache. Normalerweise werden Berichte und Nachrichten im Journalismus sehr formel geführt. Anders ist es hingegen beim Bürgerjournalismus. Weblogs und Diskussionsforen sind meist in einer sehr bildhaften, volksnahen Sprache geschrieben. Dadurch fühlen sich die Leser schlussendlich mehr angeregt, an Diskussionen teilzunehmen. Laut Bill Kovach und Tom Rosenstiel, Autoren des Buches The Elements of Journalism, müssen die Bürger aktiv die Informationen mitgestalten, damit ein effektiver Journalismus erst möglich ist. (Vgl. Bowman und Willis 2007)

„What users do with content is more important than how content may affect users. Users are actively chasing discovery, rather than passively being informed." (Bowman und Willis 2007, 54)

Einem Bericht des *Pew Center for Civic Journalism* zufolge praktizierte zwischen 1994 und 2001 bereits jede fünfte U.S.-Tageszeitung Bürgerjournalismus. Beinahe alle gaben an, dadurch eine positive Atmosphäre für die Gemeinschaft erreicht zu haben. (Vgl. Bowman und Willis 2007, 9) Auch heute gibt es noch Zeitungen, die von Nachrichten aus der Bevölkerung profitieren.

Einige brillante Beispiele, die aufzeigen wie dies funktionieren kann sollen im Folgenden präsentiert werden.

6.1 Beispiele für funktionierenden Bürgerjournalismus

„Journalismus verändert seinen Aggregatzustand, aber er löst sich nicht auf. Er muss die digitale Welt nicht fürchten, im Gegenteil. Denn guter Journalismus geht immer in die Tiefe." (Prantl 2010, 7)

Ohmynews, ist eine Online-Agentur in Südkorea, die als gutes Beispiel in Sachen Bürgerjournalismus vorangeht. Zwischen 25.000 und 40.000 Bürger verdienen sich somit ungefähr $15 pro selbst verfassten Beitrag. (Vgl. Chapman & Nick, 2011, S. 2-5). Oh Yeon-ho, Gründer von Ohmynews.com sieht seine Geschäftsidee folgendermaßen:

„With OhmyNews, we wanted to say goodbye to 20th-century journalism where people only saw things through the eyes of the mainstream, conservative media" (Bowman und Willis 2007, 11)

Ein weiteres Beispiel, wie Medienunternehmen „Graswurzeljournalisten" in die Produktion von Inhalten integrieren können, liefert das Nachrichtenunternehmen Reuters. Unter dem Motto „You witness news – Where you there when news happened?", animiert Reuters die Leser dazu Geschichten zu liefern. Das sich diese Methode vor allem im Hinblick auf die Aktualität der Nachrichten positiv auswirkt, zeigt sich beispielsweise darin, dass Reuters heute in etwa 70 Prozent der Nachrichten vor allen anderen Anbietern veröffentlicht. (Vgl. Stanoevska-Slabeva 2008, 14)

Doch auch im deutschsprachigem Raum finden sich durchaus Beispiele für Partizipativen Journalismus, der sich in den Medien bewährt hat.

Der *Trierische Volksfreund* ist eine Tageszeitung aus Trier und ist hervorragendes Beispiel eines Medienunternehmens, dass schon früh die Chancen des Web 2.0 entdeckt hat. 2005 wurde eine Weblog-Community gestartet, mit dem Ziel die Leser des Trierischen Volksfreunds interaktiver an der Gestaltung des Inhalts teilhaben zu lassen. Zwölf redaktionell geführte Blogs und ein eigener Weblog-Hosting-Dienst sorgten dafür, dass sich die Nutzer sehr rasch für das neue Konzept begeisterten. Im Jahr 2007 wurden in etwa 400 aktive Blogs von Nutzern des Trierischen Volksfreunds verzeichnet. (Vgl. Volksfreund Druckerei Nikolaus Koch GmbH 2007)

Ein Grund für das rege Interesse ist, abgesehen vom angebotenen Online-Angebot, die konsequente crossmediale Vernetzung von Inhalten der Weblogs mit der gedruckten Ausgabe des Trierischen Volksfreunds. Dadurch wird einerseits ein bürgernäherer Journalismus betrieben und andererseits marktstrategisch in die Zukunft des Unternehmens investiert. (Vgl. Büffel 2008, S.144)

Die crossmediale Vernetzung erfolgt über verschiedene Strategien. Dabei ist die Rubrik „Best of Blog" in der gedruckten Printausgabe, wohl das Hauptaugenmerk. Täglich werden hier auf Seite 2 der Tageszeitung Meinungen und Kommentare der Leser abgedruckt, die aus den Weblog-Beiträgen entstammen. Die Auswahl erfolgt von einem Online-Redakteur. Interessante, jedoch nicht publizierte Beiträge werden gesammelt und auf der Leser-Brief-Seite einer späteren Ausgabe abgebildet. (Ebd.)

Die folgende Abbildung zeigt wie ein „Best of Blog"-Eintrag in der gedruckten Printausgabe des Trierischen Volksfreunds aussieht.

Raychal beschäftigte sich bereits mit der Suche nach der vermissten Tanja Gräff in ihrem Blog. Nun stellt sie sich beunruhigt die Frage, was in Trier vor sich geht: „Was ist nur aus Trier geworden? Mir scheint es, dass die Stadt es innerhalb weniger Jahre geschafft hat, dass ihre Bürger sich in ihr nicht mehr sicher fühlen. Das hat ja schon lange vor Tanjas Verschwinden angefangen: ein Mann wird zusammengeschlagen, weil er an der Treviris-Passage die falsche Person nach der Uhrzeit fragt, in gewissen Billardcafés kommt es zu Schlägereien, an der Uni werden Autos angezündet, ganz zu schweigen von den Drogen, die man so angeboten bekommt. Aber seit dem Vorfall auf dem Parkplatz an der B 51, als eine Frau bloß den Kofferraum ihres Wagens schließen wollte und prompt ins Gebüsch gezerrt wurde, und natürlich jetzt, wo wir alle um Tanja bangen, fühle ich mich nicht mehr wohl. Warum gibt es nachts keine Fußstreifen in der Stadt? Und keine Polizeiwache mehr? Für so eine beschauliche kleine Stadt passiert hier doch ziemlich viel."
www.volksfreund.de/1407607

Kritiker0815 hat Lob für Medien und an der Suche nach Tanja Gräff Beteiligte parat: „Die Medien sind zu loben! Diese haben bisher enorm zur Unterstützung in der Bevölkerung in dem traurigen Fall Tanja Gräff beigetragen. Die Kommilitonen sind ebenfalls sehr engagiert, was auf jeden Fall eine gewisse Solidarität in unserer Stadt und den angrenzenden Gemeinden auslöste! So hoffen wir für alle Beteiligten, dass Tanja schnell und unbeschadet gefunden wird und die schnell eingeleitete Öffentlichkeitsfahndung zum Erfolg wird!"
www.volksfreund.de/1407609

Wittlicherbär hingegen sieht das kritisch: „Die Beispiele des kleinen englischen Mädchens, des kleinen Eisbären und der Studentin aus Trier zeigen, wie leicht wir uns lenken lassen. Jeden Tag verschwinden Kinder, junge Menschen, alte Menschen, werden Tiere in zoologischen Gärten geboren oder sterben. Was nehmen wir wirklich noch (ungefiltert) von unserer Umwelt wahr? Haben nicht die Angehörigen der anderen Vermissten die gleichen Schmerzen? Warum suchen nach der Studentin so viele Polizisten und nach der Oma von vor drei Monaten hat nur die Dorf-Feuerwehr gesucht?" rg/mic
www.volksfreund.de/1407610

Abb. 6-1: Volksfreund - Best of Blog (Volksfreund Druckerei Nikolaus Koch GmbH 2007)

In anderen Ländern finden sich ähnliche Angebote, wie beispielsweise *AgoraVox* in Frankreich. Mittlerweile haben sich Mischformen zwischen Weblogs und Nachrichtenseiten etabliert, die riesige Nachrichten-Gemeinschaften bilden.

Slashdot.org, ist eine solche Plattform, die es dem Nutzer ermöglicht Artikel zu verfassen, zu kommentieren und zu bewerten. Mehr als 10 Millionen Leser pro Monat nutzen dieses Angebot. Ein ähnliches Beispiel findet sich mit der Website *Kuro5hin.org*. Jede Geschichte wird von einem Mitglied geschrieben und zunächst vom Forum kontrolliert. Danach wird die Geschichte überarbeitet und bewertet, bis sie dann schließlich auf der Website erscheint. Zum Schluss reagiert das Publikum auf das Geschriebene, kommentiert und führt die Geschichte im besten Falle fort. (Vgl. Bowman und Willis 2007, 27-28)

Ein Beweis für den Erfolg dieser zwei eben genannten Nachrichtensysteme ist, dass *Google News* für seine Nachrichtensuche *Slashdot* und *Kuro5hin* als zwei ihrer 4,500 Quellen verwendet. Um jedoch zu verstehen wie diese neue Medienerfahrung funktioniert, müsste man die Nachrichten dieser Medien untersuchen. Interessant wäre hier zu sehen nach welchen Kriterien die Nachrichten hier selektiert werden. (Vgl. ebd.)

Um einen praxisnahen Einblick zu bekommen werden im nächsten Abschnitt Erfahrungen von Journalisten mit dem Web 2.0 präsentiert.

6.2 Erfahrungsberichte von Journalisten

> „I think people who are dedicated to establishing a reputation for getting the story right and getting it first don't necessarily have to work for *The Washington* Post or *The New York Times*" (Bowman und Willis 2007, 48)

Glenn Fleishman, freier Journalist in Seattle und weltweiter Experte im Bereich „wireless techonology", setzt auf die neue Technologie des Web 2.0. Er verwendet seinen Weblog, zwar einerseits um über die neuesten wi-fi Entwicklungen zu berichten, aber auch um Rückmeldung von seinen Lesern zu erhalten und auf Neuigkeiten aufmerksam gemacht zuwerden, die ihm sonst vielleicht entgangen wären. (Bowman und Willis 2007, 48)

Dan Gillmor, Journalist für *San Jose Mecury News*, berichtet dass seine Leser sich nicht scheuen ihn auszubessern, wenn er einmal einen Fehler gemacht hat. Er ist deshalb zu dem Entschluss gekommen, dass sein Publikum mehr weiß als er selbst. Gillmor sieht darin eine großartige Möglichkeit von dem Wissen der Leser und deren Bereitschaft sich mitzuteilen zu profitieren. Den Journalismus der Zukunft sieht er folgendermaßen:

> „If modern American journalism has been a lecture, it's evolving into something that incorporates a conversation and seminar." (Bowman und Willis 2007, 6)

Gillmor bringt dadurch zum Ausdruck, wie wichtig die Interaktion mit dem Publikum für die Zukunft des Journalismus sein wird.

Möchte man die Interaktion von Nutzern in einem Medium fördern und diese bei der Informationsgestaltung teilnehmen lassen, so ist es wichtig eine Kontrollfunktion zu installieren.

> „One of the values that we place on our own weblogs is hat we edit our webloggers. Out there in the blogosphere, often it goes from the mind of the blogger to the mind of the reader, and there's no backup. ... I would submit that that editing function really ist the factor that makes it journalism." (Smith zit. nach Bowman und Willis 2007, 50)

Dass der Journalismus nicht komplett abhandenkommt, davon ist auch Mark Deuze überzeugt. In seinem Text „Liquid Journalism" argumentiert er einen Wandel des derzeitigen Journalismus, in eine Vielzahl von individuellen Ausprägungen, die allesamt instabil sind. Er spricht hiermit Faktoren an wie, die rasche Partizipation des Publikums, soziale Trends und

Unsicherheiten an. (Vgl. Deuze 2006) Anders als zu erwarten sieht er darin jedoch keine Gefahr:

> "Instead of lamenting or celebrating this process, or trying to find a fixed point somewhere in the future in our failed predictions of where we are going, we should embrace the uncertainty and complexity of the emerging new media ecology, and enjoy it for what it is: and endless resource for the generation of content and experiences by a growing number of people all around the world." (Deuze 2006, 6-7)

Sich darauf Einzulassen scheint somit die Strategie für einen "flüssigen" Journalismus zu sein.

Der folgende Abschnitt dieser Arbeit soll einige neue Formen von Nachrichten-Websites präsentieren, die für die Zukunft des Online-Journalismus interessant sind.

6.3 Neue Konzepte für den Online-Journalismus

Gerade im Bereich des Online-Journalismus scheint es bisher kaum Konzepte zu geben, um davon wirklich profitieren zu können. Weichert und Kramp bringen das Problem auf den Punkt:

> „Das vielleicht größte Dilemma des Qualitätsjournalismus im Internet aber ist derzeit: Er soll nichts kosten!" (Weichert und Kramp 2010, 21-22)

Im Online-Journalismus bleibt der ökonomische Aspekt meist aus. Nur wenige journalistische Angebote haben sich bisher im Internet als profitabel erwiesen. Die Finanzierung erfolgt daher meist nicht über die produzierten Beiträge, sondern mittels Werbebanner und Sponsoren. Das hat die negative Folge, dass viele Websites dermaßen mit Werbung überfüllt sind, dass der eigentliche Inhalt kaum ersichtlich ist. Paradoxerweise sind Online-Journalisten daher nicht so sehr von der Anzahl der Nutzer abhängig, sondern wie oft diese auf Werbebanner klicken. Man spricht daher von einem „werbefreundlichen Online Journalismus". (Vgl. Turnheim 2007, 163)

> „Ein Geschäftsmodell, das Journalismus im Internet rentabel macht hat sich für die meisten Anbieter noch nicht gefunden." (Turnheim 2007, 163)

Dass es jedoch Hoffnung gibt, beweisen vor allem kleine und unabhängige Gruppen von Journalisten, die ihre gesamten Bemühungen in den Journalismus von morgen investieren. Mit innovativen Ideen und Konzepten wird versucht ein Modell zu entwickeln, dass es erlaubt auch im Onlinebereich lukrativ zu sein.

Ein solches Modell hat der US-Amerikaner David Cohn gegründet. Mit *Spot.Us* ist es ihm gelungen eine Plattform zu erstellen, auf der Journalisten ihre Ideen und Projekte vorstellen können. Die Nutzer der Plattform können dann entscheiden welche Story ihnen am besten zusagt, und diese finanziell unterstützen. Durch diese Unterstützung können die Recherchepläne der Journalisten dann umgesetzt und publiziert werden. (Vgl. Weichert und Kramp 2010, 22)

Die Vorteile von Spot.Us liegen auf der Hand. Die Nutzer können mitbestimmen über welche Inhalte geschrieben werden sollen und fördern durch ihre Unterstützung Beiträge zu Themen, die ihnen wirklich am Herzen liegen. Für die Journalisten ergibt sich andererseits dadurch die Möglichkeit Geschichten zu schreiben, die bei Zeitungen aufgrund von Geldmangel oft nicht finanziert werden können. Ein weiterer wichtiger Aspekt ist, das durch solche Initiativen die Bindung zu den Bürgern verstärkt wird, was für den zukünftigen Journalismus ausschlaggebend sein wird. So bedankt sich auch der Gründer persönlich bei den Unterstützern von *Spot.Us* :

> "Your contribution is a powerful gesture and will help us fund this investigation so we can make a difference through serious reporting" (Weichert und Kramp 2010, 23)

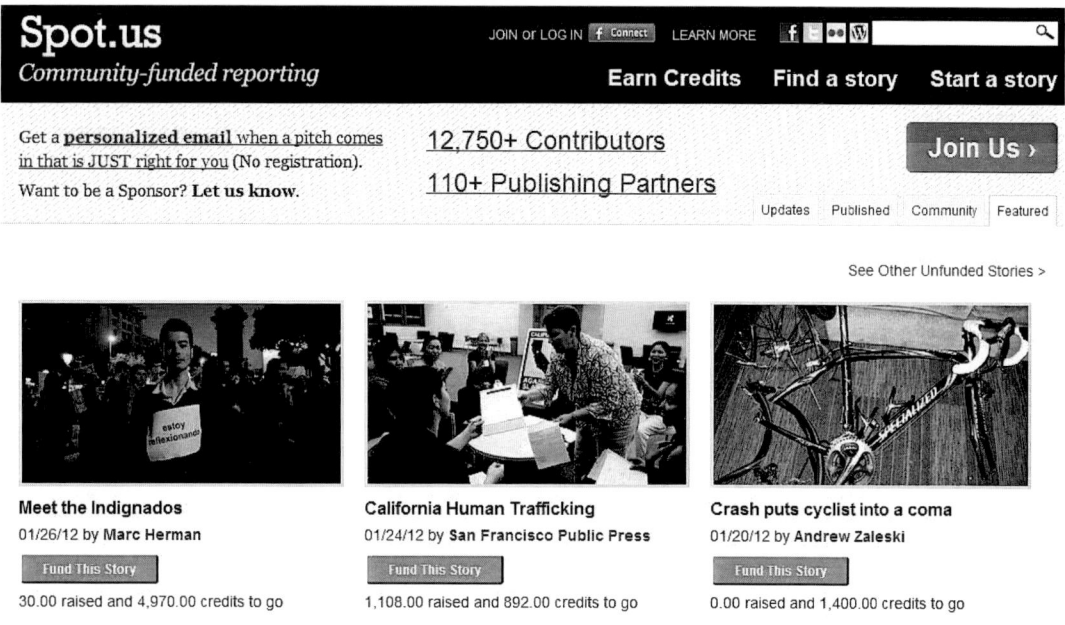

Abb. 6-2: Spot.us Plattform (Spot.Us 2012)

Weblogs und Plattformen mit user-generated-content ergänzen meist die Inhalte von Online-Nachrichtenseiten mit Themen, die meist bestimmte Zielgruppen anspricht und für die breite Masse nicht unbedingt relevant ist. Es gibt jedoch auch Websites, die es sich zur Aufgabe gemacht haben, Informationen zur Verfügung zu stellen, die von anderen Internetseiten entfernt wurden oder im Internet schwierig zu finden sind.

Beispiele für sogenannte „watchdog sites" sind *The Memory Hole* und *FAIR.org*. Wie die aus den beiden Namen zu entnehmen ist, geht es hier vor allem darum, Portale zu schaffen wo Nachrichten gespeichert werden, die sonst in Vergessenheit geraten oder gar zensiert werden. Außerdem wird eine gerechte und genaue Berichterstattung gefordert. (Vgl. Bowman und Willis 2007)

Die eben genannten Beispiele sind nur einige von vielen, die sich in der Vergangenheit bewährt haben. Dass eine Umstellung auf Web 2.0 nicht für alle Journalisten einfach sein wird schreiben Bowman und Willis in folgendem Zitat:

> „After years of working their way up the professional ladder, some reporters will undoubtedly need to discover a newfound respect for their readers. Arrogance and allofness are deadly qualities in a collaborative environment. To be succsessful, reporters will need to be more than skilled writers." (Bowman und Willis 2007, 50)

Es verlangt daher in Zukunft viel Mut, will man sich den neuen Möglichkeiten des Web 2.0 nicht entziehen. Im Abschließenden Kapitel soll noch einmal rückblickend auf das Ziel dieser Arbeit geschaut und ein Ausblick für die Zukunft gegeben werden.

7 Fazit und Ausblick

Das Ziel dieser Arbeit bestand darin, aufzuzeigen welche Möglichkeiten das Web 2.0 dem Online-Journalismus bietet. Im Zuge dessen, wurden wichtige Begriffe wie Web 2.0 und Bürgerjournalismus besprochen und definiert. Um ein besseres Verständnis für die journalistische Arbeitsweisen zu erhalten, wurden themenspezifische Theorien vorgestellt. Anhand von aktuellen Studien wurde der derzeitige Forschungsstand anschaulich gemacht. Dies zeigte auf, dass es noch wenige Untersuchungen auf diesem Gebiet gibt. Erfahrungsberichte und funktionierende Modelle wurden daher vorgestellt, um auf die Möglichkeiten des Web 2.0 im Online-Journalismus aufmerksam zu machen. Somit wurden die Vor- und Nachteile dieses neuen Kanals aufgezeigt. Wie jedoch schon anfangs erwähnt standen in dieser Arbeit insbesondere die positiven Aspekte durch den Partizipativen Journalismus im Vordergrund. Daher sollte diese Arbeit kritisch betrachtet werden.

Die neue Form des Partizipativen Journalismus wird voraussichtlich noch lange weiterbestehen. Die zukünftige Aufgabe der Medien wird es daher sein Nachrichtenseiten so zu gestalten, dass sie die soziale Interaktion mit den Lesern fördern. Diese Interaktion wird wichtig sein, ja vielleicht sogar wichtiger als die Informationen selbst, denn sie entsteht durch die Nutzer und wird von ihnen beherrscht. Der Kanal des Web 2.0 wird dabei eine entscheidende Rolle spielen. Wichtig wird es auch sein, den Journalisten mehr Autonomie zu geben. Gemeint ist damit vor allem, mehr Freiheit im Hinblick auf die Distribution von Information. Denn nur so können die neuen Möglichkeiten des Web 2.0 im Online-Journalismus optimal genützt werden.

Literaturverzeichnis

Beck, Klaus, Peter Glotz, und Gregor Vogelsang. *Die Zukunft des Internet. Internationale Delphi-Befragung zur Entwicklung der Online-Kommunikation.* Konstanz: UVK Medien, 2000.

Bernet, Marcel. *Social Media in der Medienarbeit.* Wiesbaden: Springer Fachmedien, 2010.

Büffel, Stefan. „Crossmediale Transformation lokaler Öffentlichkeiten. Strategien von Zeitungsverlagen im Social Web." In *Kommunikation, Partizipation und Wirkungen im Social Web. Strategien und Anwendungen: Perspektiven für Wirtschaft, Politik und Publizistik.*, von Ansgar Zerfaß, Martin Welker und Jan Schmidt. Köln: Halem Verlag, 2008.

Burkart, Roland. *Kommunikationswissenschaft. Grundlagen und Problemfelder.* Bde. 4., überarbeitete und aktualisierte Auflage. Wien/Köln/Weimar: Böhlau Verlag, 2002.

Burns, Axel. *Gatewatching. Collaborative Online News Production.* New York: Peter Lang Publishing, 2005.

Chapman, Jane L., und Nuttall Nick. *Journalism Today.* Chichester: Wiley - Blackwell, 2011.

Deuze, Mark. *Liquid Journalism.* Artikel, Bloomington: Indiana University, 2006.

Eilders, Christiane. *Nachrichtenwertfaktoren und Rezeption – Eine empirische Analyse zur Auswahl und Verarbeitung politischer Information.* Opladen: Westdeutscher Verlag, 1997.

—. *Nachrichtenwertfaktoren und Rezeption. Eine empirische Analyse zur Auswahl und Verarbeitung politischer Information.* Opladen: Westdeutscher Verlag, 1997.

Engesser, Sven. „Partizipativer Journalismus. Eine Begriffsanalyse." In *Kommunikation, Partizipation und Wirkungen im Social Web. Band 2. Strategien und Anwendungen: Perspektiven für Wirtschaft, Politik und Publizistik*, von Ansgar Zerfaß, Martin Welker und Jan Schmidt, 66. Köln: Halem Verlag, 2008.

Feyrer, Judit. *Partizipatorische Journalistische Modelle im Spannungsfeld von Qualität und Qualitätsbewertung im Web.* Universität Wien, 2009.

Gillin, Paul. „New Media, New Influencers and Implications for the Public Relations Profession." *JOURNAL OF NEW COMMUNICATIONS RESEARCH, Vol. II/Issue 2*, 2008: 1-10.

Haas, Sabine, und Maria Gerhards. „Web 2.0: Nutzung und Nutzertypen." *Media Perspektiven*, 4 2007.

Hall, Jim. *Online Journalism. A Critical Primer.* Sterling: Pluto Press, 2001.

Heijnk, Stefan. *Texten fürs Web. Grundlagen und Praxiswissen für Online-Redakteure.* Heidelberg: Dpunkt Verlag GmbH, 2002.

Höflich, Joachim R. „Interaktivität." In *Lexikon Kommunikations- und Medienwissenschaft.*, von Günter Bentele, Hans-Bernd Brosius und Otfried Jarren, 107-108. Wiesbaden: VS Verlag für Sozialwissenschaften/GWV Fachverlage GmbH, 2006.

Högg, R., R. Martignoni, M. Meckel, und K. Stanoevska-Slabeva. „Overview of Business models for Web 2.0 Communities." In *Proceedings of GeNeMe*. 2006.

Jakobs, Hans-Jürgen, Leif Kramp, und Stephan Weichert. *Wozu noch Journalismus?: Wie das Internet einen Beruf verändert.* . Oakville: Vandenhoeck & Ruprecht GmbH & Co.KG, 2010.

Lobo, Sascha. „Selbstbeauftragte Publizisten." In *Wozu noch Journalismus? Wie das Internet einen Beruf verändert.*, von Stephan Weichert, Leif Kramp und Hans-Jürgen Jakobs. Göttingen: Vandenhoeck & Ruprecht GmbH & Co. KG, 2010.

Meier, Klaus. *Journalistik.* Konstanz: UVK Verlagsgesellschaft mbH, 2007.

Neuberger, Christoph. „Interaktivität, Interaktion, Internet. Eine Begriffsanalyse." *Publizistik*, 1 2007.

Niggemeier, Stefan. „Vorteil Internet." In *Wozu noch Journalismus? Wie das Internet einen Beruf verändert.*, von Stephan Weichert, Leif Kramp und Hans-Jürgen Jakobs. Göttingen: Vandenhoeck & Ruprecht GmbH & Co. KG, 2010.

Östgard, Einar. „Factors Influencing the Flow of News." In *Journal of Peace Research*. Oslo, 1965.

Prantl, Heribert. „Niemand muss sich fürchten." In *Wozu noch Journalismsu? Wie das Internet einen Beruf verändert.*, von Stephan Weichert, Leif Kramp und Hans-Jürgen Jakobs. Göttingen: Vandenheock & Ruprecht GmbH & Co. KG, 2010.

Rühl, Manfred. „Theorie des Journalismus." In *Kommunikations-theorien. Ein Textbuch zur Einführung.*, von Roland Burkart und Walter Hömberg, 117-140. Wien: Universitäts-Verlagsbuchhandlung Ges.m.b.H, 2007.

Sauer, Moritz. *Weblogs, Podcasting und Online-Journalismus.* Köln: O'Reilly Verlag GmbH, 2007.

Sinclaire, Jollean K., und Clinton E. Vogus. *Adoption of social networking sites: an exploratory adaptive structuration perspective for global organizations.* Department of Computer & Information Technology, Arcansas State University, Jonesboro, AR, USA, 3. Februar 2011.

Stanoevska-Slabeva, Katarina. „Web 2.0 - Grundlagen, Auswirkungen und zukünftige Trends." In *Web 2.0. Die nächste Generation Internet.*, von Miriam Meckel und Katarina Stanoevska-Slabeva, 13-38. Baden-Baden: Nomos Verlagsgesellschaft, 2008.

Trappel, Josef. *Online Medien. Leistungsprofil eines neuen Massenmediums.* Konstanz: UVK Verlagsgesellschaft mbH, 2007.

Turnheim, Fred. *Breaking News im Web 2.0. Wozu wir Journalisten brauchen.* Wien: Molden Verlag GmbH & Co KEG, 2007.

Weichert, Stephan, und Leif Kramp. „Digitale Neandertaler." In *Wozu noch Journalismus? Wie das Internet einen Beruf verändert.*, von Stephan Weichert, Leif Kramp und Hans-Jürgen Jakobs. Göttingen: Vandenhoeck & Ruprecht GmbH & Co. KG, 2010.

Zerfaß, Ansgar, und Swaran Sandhu. „Interaktive Kommunikation. Social Web und Open Innovation: Herausforderungen und Wirkungen im Unternehmenskontext." In *Kommunikation, Partizipation und Wirkungen im Social Web. Strategien und Anwendungen: Perspektiven für Wirtschaft, Politik und Publizistik.*, von Ansgar Zerfaß, Martin Welker und Jan Schmidt. Köln: Halem Verlag, 2008.

Internetquellen

Alexa Ranking. 2012. http://www.alexa.com/topsites/countries/AT (Zugriff am 30. Jänner 2012).

Bowman, Shayne, und Chris Willis. „We Media. How audiences are shaping the future of news and information." *hypergene.net.* 1. Oktober 2007. http://www.hypergene.net/wemedia (Zugriff am 23. Jänner 2012).

Cisco Systems, Inc. „Cisco Austra-Studie. Social Media in Unternehmen." *cisco.com.* Oktober 2011. http://www.cisco.com/web/AT/pdfs/11_Cisco_EnterprSocMed_Studie_1028.pdf (Zugriff am 22. Jänner 2012).

Meyer-Gossner, Martin. *update2.de.* 4. Dezember 2008. http://update2.blog.de/2008/12/04/debatte2-nutzten-twitter-redaktions-arbeitsalltag-5161616/#c8447704 (Zugriff am 31. Jänner 2012).

news aktuell GmbH. „Journalismus in einem neuen Informationszeitalter." *slideshare.com.* 17. Juni 2010. http://www.slideshare.net/newsaktuell/medien-trendmonitor2010-berichtsband (Zugriff am 22. Jänner 2012).

Schmidt, Holger. „Social Media im Journalismus." *Slideshare.* 14. Juli 2011. http://www.slideshare.net/HolgerSchmidt/social-media-und-journalismus-wie-sich-facebook-twitter-und-google-auf-nachrichtenstrme-und-medienseiten-auswirken (Zugriff am 22. Jänner 2012).

Spot.Us. 2012. http://www.spot.us/ (Zugriff am 30. Jänner 2012).

Volksfreund Druckerei Nikolaus Koch GmbH. *www.ifra.com.* 2007. http://www.ifra.com/website/xma2007.nsf/xma/C23EEA066F0E90E4C12573060047BCCA?OpenDocument&PRJRG26062007150333 (Zugriff am 23. Jänner 2012).